Recueil de pensées et de citations

RECUEIL

DE

PENSEES ET CITATIONS

Harry Trincheti
POESIE

Recueil de pensées et de citations

Loi n°49-956 du 16 juillet 1949 sur les publications destinées à la jeunesse, modifiée par la loi n°2011-525 du 17 mai 2011.

Copyright © Harry Trincheti, 2023
Édition : BoD – Books on Demand, info@bod.fr
Impression : BoD – Books on Demand, In de Tarpen
42, Norderstedt (Allemagne)
Impression à la demande
ISBN : 978-2-3224-5936-0
Dépôt légal : Janvier 2023

Autres ouvrages de l'auteur

Réflexions et Mélancolie, 2022.

****

Pour contacter l'auteur : harrytrincheti@gmail.com

Préface

Des gens s'interrogent, qu'est-ce que les mots et comment les écrire. C'est simple, tout en étant difficile.

Les mots, pour la plupart, sont la réflexion de divers livres. C'est la mémoire des lectures de sa jeunesse et de son enfance, une disponibilité à enregistrer ces paroles, un regard qui surgit partout comme une abeille sur chaque fleur qui recherche le nectar. Ce sont des lettres alphabétiques en grand nombre et l'univers doux, imaginaire, groupant, mais tellement réel qu'il est nécessaire d'écrire sur une feuille blanche.

Le tout est effrayant au début, mais au fil du temps, il donne le désir de... Les mots sont multiples, secrets et chacun en les mêlant, leur donne le pouvoir de créer des phrases ayant un cœur, une âme, une tendresse, un rire, une déchirure.

Prenez Simenon par exemple pour le policier, Audiard pour les films, si souvent répété. Bécaud, Perret, Reggiani (Paris, ma rose), Brel (le dernier repas), Lina Marly (le petit vin blanc), Georges Brassens (les passantes), Fréhel (où sont tous mes amants), Charles Aznavour (les bruits de ma ville), Barbara (Marienbad), Marie Lafôret (Marie douceur, Marie colère) . Ces mots ont fait naître aussi des acteurs, Gabin, Bourvil, Mireille Darc, Belmondo et tous les anciens, Pierre Fresnay, Yvonne Printemps, Michel Simon, Darry Cowl, de Funès, Arletty qui ont fait vivre le cinéma français. Ces mots associés ont créé les livres et écrivains, comme : Daudet, Hugo, Voltaire, Rousseau, Lamartine, La Fontaine, Léon Bloy (La femme pauvre) et tant d'autres.

Commençons tout simplement:

« Elle avait ma petite Violette, de chouettes mirettes, un corps de fête, que j'endimanchais dans un costume de baisers ».

Les rimes sont là, le texte est clair, mais magnifique. Il y a le regard, le souvenir de, l'envie de, des mots simples et limpides et beaucoup de tendresse. La tendresse fait beaucoup. La tendresse, c'est le respect de l'autre, des autres, de soi. Il faut se trouver, pour trouver les autres et pouvoir les décrire, les écrire. Revenons sur ce bout de texte : De chouettes mirettes : Mirer, veut dire regarder, se regarder dans un miroir, et donc apporte les yeux. En argot, les yeux se disent mirettes. Ce mot est plus doux que, yeux ou regard. J'endimanchais : avant, dans la vieille France, celle des années 1930 et même avant, le dimanche était jour de messe, et chacun et chacune sortait ses beaux vêtements pour être face aux autres, être propre et montrer à l'église, que l'on n'était pas qu'un simple ouvrier, un simple paysan. En clair, il fallait être costumé, endimanché, paraître… mais l'auteur va plus loin en ajoutant « dans un costume de baisers ». Que veut-il dire ? Tout simplement que chaque baiser va se transformer en maille d'un immense vêtement fait de milliers de baisers, qui habillera la femme comme un dimanche où l'on porte le beau.

Ça, c'est de l'amour, de la tendresse pour l'autre. Les mots sont là, simples, mais puissants.

« Endimanché dans un costume de baisers », il tresse seconde après seconde, des mailles de baiser pour en faire un vêtement que portera celle qui est aimée…Ça, c'est comme de la poésie, ce sont des mots, c'est de la lecture des mots. Qui penserait à écrire cela, seul un vrai de vrai…

Chanson : Mimi la douce …
Merci monsieur Pierre Perret, salutation et chapeau bas, mais aussi respect.

Traduire des poèmes anglais, en mettant des mots en final ayant la même consonance est stupide, abaissant et navrant pour l'auteur qui a tant donné de son courage mental. Certains l'ont fait Lamartine, Robespierre, et tant d'autres, et le résultat a disparu à tout jamais dans le triste. Traduire, Young ou Wordsworth ou Colleridge, Gray, Blake, Cowper, Pope en faisant n'importe quoi, est grotesque et tue puissamment la poésie de chaque pays, mais la pensée si puissante de l'homme qui a ajouté des mots en son cœur, avec son âme. Un mot est un mot, il ne peut être traduit.

N'oubliez pas que chaque mot a un son, et que plusieurs mots font une musique « La musique des mots, chez Blake, est dans sa simplicité », « Chaque mot et chaque lettre, ont été étudiés et mis à leur juste place ».

Thomson décrit la chute de la neige, et non pas le paysage sous la neige.

Partons de ce simple exemple : Que fait le flocon : il flotte, il flâne, il tombe, il chute, il virevolte… Quel mot est le plus beau, et que doit donner la suite. ? Dans le silence : de sa descente, de sa chute… de sa dégringolade vertigineuse, de son poids…

« Chaque accent grave ou aigu a son importance. La recherche du plus petit, fera du grand ».

Young aime la nuit, elle le dépouille de lui, elle rend plus intense sa mélancolie, son besoin de se tourmenter. Peut-on écrire alors : « Dans une nuit noire et sombre… Non, mais plutôt, « Dans la nuit si protectrice de moi et envers moi, où je m'y retrouve seul, mais heureux, dans ma mélancolie si bénéfique ».

Mots m'avez-vous dit. Mots, alors vous allez avoir : Un texte tout simple, passant totalement inaperçu, sans grandeur, que voici :

> « Combien de fois, m'arrêtant pour pleurer à mon aise, assis sur une grosse pierre, je me suis amusé à voir tomber mes larmes dans l'eau. »

Si ce ne sont pas des mots, alors c'est quoi ? Cette personne qui à un moment de sa vie touche le bas de la détresse, le fond de sa vie, s'arrête sur une pierre au bord de l'eau, et pleure face à son malheur, mais tout à coup regardant tomber ses larmes, il découvre l'amusement de les voir tomber dans l'eau. L'eau de ses larmes se rajoute à l'eau du lac.

Que se dit-il et que pense-t-il ? ? Est-ce que mes larmes vont augmenter le niveau de l'eau, ou est-ce dans ce lac, les larmes des autres ? Est-ce que mes larmes s'additionnent aux larmes des autres ?… Sommes-nous plusieurs à pleurer en ce sale moment ? Il oublie alors son malheur et trouve un monde d'échappement à sa peine immense… Cela veut dire que les mots sont partout même dans le malheur, il suffit de regarder.Cette phrase est de monsieur Jean-Jacques Rousseau.

Texte beaucoup plus ancien, venant entre 1465 et 1553 :

« Même Lorsque mon père se mourait, je pétais ».

Yamazaki Sokan, poète Japonais, créateur de poèmes Haikus.

Là, vous avez le comble de l'horrible, pourrait-on dire, mais il y a cette vérité, ce réalisme du corps, cette pensée instinctive de ce qui entoure. Même dans la pire des peines, peut arriver le naturel du corps, et la réalité prend le dessus. Prenons cela avec joie.

Derrière chaque mot, chaque son, chaque silence se cache un phénomène appelé joie, bonheur, envie de… Les mots doivent vous donner bonheur et joie. Les mots doivent être chantants, chantés, heureux et libérés. Les mots doivent aussi parfois être inventés.

Dans sa chanson « Croquemitoufle » monsieur Bécaud chante, Je me serpentiluche, je me raminagrobiche. Ces deux mots sont doux, paisibles et dociles. Ils apportent un bien en soi, une sûreté, une tranquillité, un bonheur personnel, une protection… Écoutez ses chansons, « Mes mains, Les croix, Il fait des bonds le pierrot, Les baladins », vous trouverez la langue Française, et un « très plus »…

Toi qui as fait l'histoire sur cette planète, vous mes ancêtres qui avez fait, toi la belette, et toi le ballon. Toi, le babil et toi le vaudeville, et toi le veinard, et toi la Bergeronnette, et toi la bergerie… Allez-vous mourir pour l'éternité… parce que.

Je te salue ma belle langue, mon passé, et je les veux puissamment devenir l'avenir des autres baladins.

Danse joli baladin, c'est la balade, c'est la balade. Danse donc joli baladin, c'est la balade d'arlequin.

Pour toujours, Monsieur Bécaud.

Devenez baladins de paroles, d'expressions, de comptines et d'autres possibilités. Même après des heures de recherche, une seule petite phrase achevée, donne des larmes, mais des larmes de joie. Les larmes sont tristes, mais Rousseau savait trouver la joie dans ses larmes, l'amusement, et reprendre la lutte qu'il croyait perdue.

Les larmes d'aujourd'hui sont si dures et cruelles et vous, colères violentes et vindicatives, que me donnerez-vous demain... je ne sais pas, mais je me dirige vers...

Ils étaient cent, mais je préfère l'Emile,
car il n'y en n'a qu'un.

Remerciements Mr Rousseau

pour ce livre.

Dans la brume du matin, les rosiers de la roseraie sont emperlés de rosée. Là, une petite sauterelle saute et sautille à la sauvette entre le sarrasin et la sarriette. Dans la rotonde, un rossignol posé sur un rotin, siffle de tout son romantisme, réveillant un rouge-gorge endormi sur un rondin… Sacrebleu, un peu de savoir-vivre monsieur de sans-façon, vous êtes un sacripant, sapristi…

Le rossignol se fait roublard, le rouge-gorge se fait rouspétance. Sanctionné, le siffleur se sauve. Satisfait, le sanguin s'endort…

Salutations Monsieur le saltimbanque.

Ce matin, j'ai tué un moucheron,
Ainsi, lui au moins ne vivra pas la
prochaine guerre.
    Remercie-moi moucheron.

Dans ma grande timidité face aux mots, parfois je n'ose vous dire... vous me faites peur, vous m'inquiétez... et si...Car je sais que souvent, il ne faut qu'un petit rien pour vous écorcher et vous faire moquer. Suis-je à la hauteur pour vous dire, mais surtout suis-je à la hauteur pour bien vous écrire et vous faire comprendre. Dire est momentané, mais écrire est espace intemporel. Dites-moi et je vous écrirai.

Violence de… langage (1/2)

Que la rivière est belle quand elle est chantée… Que le vent est beau quand il est murmuré… Que le silence est beau quand il est crié… Que le vide est beau quand il est immense.

O, toi ma langue, ma parole, ma volonté… hurles, cries, gorges-toi de courage… Toi ma main, oses, fais-toi volontaire, ajoutes les mots, assembles-les, donnes, redonnes, forces, pousses, écrits, noircis les pages, bleuis-les, rougis-les par des encres

diverses mais responsables et volontaires… Ne vous faites pas seulement mots et écritures, mais faites-vous tous deux, renouveau, intelligence, volonté. Pas petitesse, ridicule et sans valeur. Souviens-toi de la balade des baladins… Mots, faites-vous aube, aurore, auparavant, automnal… Mots, faites-vous floconneux, flopée, floral… Faites-vous rudoiement, rutilance, ruisseau… Faites-vous adorable, adoucir et aduler…

Faites-vous palabrer, palpitant et pâmer. Faites-vous salvateur, sarabande, et savoureux… Faites-
    Violence de…langage (2/2)

vous, balade, baladins et ballerine… Faites-vous Chef-d'œuvre, chèrement et chuchoter… Faites-vous jaspiner, jérémiade et jeunesse… Faites-vous immaculé, immodéré et immuable… Faites-vous français, fiers et forts. Révoltez-vous, criez, hurlez, le silence tue ma langue, mon écriture. Faites-vous Harpe, hâtivement et haussez, mais ne me faites pas souffletant, souvenir ou succomber. Langue et mots ne disparaissez pas dans l'avenir. Ne soyez
pas des fantômes, des ombres, des « peut-être », des « avant », des « on pense », des « on croit ».
La nuit est terrible et apeurante, mais l'oubli et la destruction d'une langue sont encore plus horribles.

~~ Citation de l'auteur ~~

Si Dieu a créé l'humain à son image, il ne doit jamais se regarder dans son miroir, de honte.

Araignée

Couturière, ne mélangeant pas ses fils , certains sont pour l'eau, d'autres pour la lumière, certains pour marcher, d'autres pour attraper. Chacun a son importance, et elle sait les reconnaitre. Cet Arlequin de la piste, cette funambule, avance logiquement comme faisant des arpèges, des arcs et des arceaux. Cet architecte arpente arithmétiquement son tissage. Les archives du passé lui reviennent en artiste arrangeante… en aristocrate du fil… en artisane ardue. Elle arc-boute, arrondit, et enfin arbore une toile qui est devenue un art.

Respect Monsieur et Madame araignée.

Deux mouches tombent dans pot de lait. L'une se laisse mourir, mais l'autre bat des pattes et fait du beurre, ainsi elle sauve sa vie avait écrit le héros.

Pauvres gens, faites du beurre et engluez-vous dedans, le gras du beurre vous tuera dans vos espérances chimériques. La première est reine, la deuxième est bête. L'espoir fait vivre, la bêtise aussi… Continuez à patauger dans votre petit pot de beurre, et n'oubliez surtout pas face aux autres de brasser du vent. Hurlez à chaude voix, vous créerez des cyclones de vent… Hurlez à voix froides et vous créerez des tempêtes de vent. Brasser de l'air et du gras… créez de l'inutile, il parait que le ridicule de l'inutile, lui ne tue point…

Profitez-en, il est totalement gratuit, et de plus l'on vous le donne.

Le vent tue tout, et le beurre fait de même. Courage amis et amies ! des courants d'air et de petits pots de beurre, votre fin est pour bientôt. Des millions de gens bien-pensants, qui pensent mal, et dont l'histoire ne se souviendra jamais.

~~ Citation de l'auteur ~~

Ce ne sont aucunement les peuples qui font les décadences, mais illogiquement leurs dirigeants ou gouvernants.

Satisfaction trompeuse, encore aujourd'hui tu t'es moquée. Je te croyais venir vers moi, et t'attendais assis impatiemment, toujours au même endroit... Hélas, tu n'es pas venue. Déçu d'une journée perdue, je t'attendrai demain, après-demain et autres jours. Viens-moi satisfaction, pages blanches te demandent sans cesse.

Je suis heureux, mon inspiration m'aide à respirer. Je largue les amarres et prends le large. La largeur de mon inspiration est-elle égale à la grandeur de ma respiration… Je me pose des questions, et m'interpelle, Suis-je aussi large que grand ?

Je me connais, je suis large d'esprit, et ma hauteur narcissique ne cesse de s'élever. Laquelle lâchera la première ?

Dans et face à cet alpinisme des deux possibilités, ma petitesse mesquine survient, elle apporte avec elle, l'étroitesse de ma peur.

Je rattache mes amarres, l'étroitesse de mon esprit et la petitesse de mes volontés repoussant mon courage.

Mais courage me donnera plus tard inspiration, qui m'aidera à respirer…

Tapant ou tapotant, un tocsin impromptu et austère annonce prudemment longtemps et lointain, un malheur arrivé. Alors surgit soudainement en moi, un sursaut préoccupant et préhensible, lui... Aussitôt, chancelant et chagrin, je reviens vers cet ami hier là, et maintenant désormais disparu.

Deux chatons se chamaillent. L'un viril, l'autre vilain. Tous deux vivaces, mais peu violents. L'un lest et léger, l'autre souple et sournois. Tout n'est que ruses et ruades, dominé et dominant. Surpasser, surprendre, et sursauts fait l'un… Vivacité, virevolté, virilité répond l'autre. Mais chahuts et chamailleries des chatons réveillent maman chat… Ruades s'arrêtent, rupture se fait…. Ainsi, tollé tombe.

~~ Citation de l'auteur ~~

La vérité cache bien de secrets, mais l'intime d'une femme en cache beaucoup plus.

Nuit secrète (1/2)

Regarder ou avoir la possibilité de regarder la nuit est un honneur fait par elle. Nuit ainsi se dévoile, en toute pureté, en toute fidélité, en toute grandeur... Nuit majestueuse, véritable nuit, pas celle de la ville, mais nuit réelle, nuit effrayante par son immensité sans frontières, sans repère. Nuit qui fait chercher, qui intrigue, qui sublime, qui apeure, qui angoisse. Nuit si belle, à laquelle il faut découvrir les formes, les charmes et les contours... Nuit, il faut te mériter, il faut que tu veuilles, que tu acceptes, pour avoir la chance de... Mystérieuse que tu es, tu te fais espérer, tu te fais attendre... Tu fais respirer, tu fais souffrir. Nuit, tu es tout, trop, tant, tellement, totalement, presque, infiniment, divinement, tout à fait, encore, absolument. Nuit, chaque fin de jour, je t'attends comme un enfant inquiet de ne pas te voir arriver, d'avoir peur de, de penser que, d'imaginer que... Je m'inquiète, je me pose des questions, millequestions... et si... Je m'impatiente, je te cherche, je m'angoisse, j'imagine...

Nuit secrète (2/2)

et s'il t'était arrivé quelque chose, que deviendrai-je. Rien ne me dit que tu viens, où es-tu nuit ?… pourquoi… As-tu été retardée… Et ce soleil qui est toujours là, pourquoi reste-t-il si tard… une mauvaise nouvelle… Mais je me remonte, je me dis que probablement, que certainement, que, surement je me fais du souci pour rien. Puis, je vois ce maudit soleil enfin s'éloigner, ma peur disparaît, je te sens, te ressens, tu vas arriver avec du retard…je me reprends et sèche mes larmes, je ne dois pas, face à toi, être, ou ne pas être celui que tu pensais. Que dirais-tu si tu me voyais abaissé, penaud, triste, angoissé. Non, je dois être fort, je dois te faire plaisir, te faire honneur, savoir t'attendre, ne pas toujours penser au pire. Tu sais, l'amour donne de mauvais ressentiments, fait imaginer le pire. Quelle bêtise de ma part. Ça y est, te voilà, mon cœur bat la chamade, mon sang chauffe, ma peau frisonne, tu t'approches, belle, immense, respectueuse, puissante, simple et si émouvante… Encore cette nuit, tu seras.

Mon éditeur vient de me convoquer, il m'a dit que j'étais incompétent.

Ce nuage de gaz autour de moi me fait rire et me rappelle mon passé que je pensais enterré. Hélas ! j'en conviens, certains mots vous collent, petits mots ridicules qui vous le rendent bien et font votre avenir.

Passé et avenir, unissez-vous ! contribuez à me faire, dans un compromis conflictuel… Quelque chose me choque que je ne comprenne pas actuellement… Je cherche.

Heureux désespoir (1/2)

Je m'assois à côté de mon désespoir, lui qui me rend si heureux. J'écoute mes larmes, elles me parlent de mon passé si heureux, si joyeux, quand elles m'accompagnaient. Larmes d'hier, larmes d'aujourd'hui, assemblez-vous pour ne faire qu'une. Devenez ma force, mon courage, mon honneur et ma puissance. Tombez, coulez, perlez sur mon visage, longues, belles et sublimes. Habillez mon visage de votre utilité dans ces moments si difficiles. Larmes montrez à tous, combien j'ai été heureux. Faites-vous fières, faites-moi fier. Montrez combien j'ai été prince, guerrier, amant. Rappelez-moi mon enfance heureuse. Larmes, rappelez-moi mes regards sublimes par la beauté des paysages croisés. Larmes, empêchez-moi de haïr, car haïr n'est pas aimer. Larmes empêchez-moi de pleurer, car pleurer est tristesse.

Larmes, portez-moi, faites-moi marcher vers…Larmes faites-moi rire et devenir heureux.

Heureux désespoir (2/2)

Larmes faites-moi respirer ce que je n'attendais plus. Larmes, faites-moi grandeur en ce temps si petit et si faible. Larmes qui, coulées, jamais je ne vous pensais si belles et si bienvenues. Mon désespoir est là, et c'est vous qui l'accompagnez de votre grandeur, de votre immensité, de votre sublime, dites-lui qu'il a toute ma confiance entourée de vous, et qu'il ne s'inquiète pas... Détresse, ouvre ta porte et fais-moi rentrer en ton intérieur avec désespoir et larmes, qui m'ont accompagnées toute cette sombre vie, pour mon plus grand bonheur.

~~ Citation de l'auteur ~~

L'égalité est une obligation et une volonté pour tous ; mais chacun pour sa pomme.

Arbres, arbrisseaux et arbustes... Ru, ruisseaux et rivières... fleurs, floraison et floral... Loups, louves et loupiots, milliers de mots magnifiques et majestueux. Vous qui m'avez fait poète, poèmes et poésies... Mots qui m'avaient appris à dompter, dominer et donner...Mots français, faites-moi dodeliner, dorloter et être douillet... Faites-moi chatoyant, charmé et chavirer. Faites-moi longtemps soubresaut, sourciller et souvenirs, faites-moi encore plus longtemps virevolter, victorieux et vivement... Vocabulaire français, fais-moi respectueux, resplendissant, et résister. Vocabulaire français, fais-moi reprendre, redemander, mais surtout, jamais renoncer.

Maintenant, violon pleure, car la virtualité harmonieuse du virtuose n'est plus. La patte patriarcale a, hélas, fermé humblement ses paupières. Son châssis est devenu chagrin. Combien ce magistral magicien de la musique était hier puissant, pur et pudique, quand doucement sa sueur suintait sur son bois, complice. Injustement et éternellement, la main magique du maestro est morte... Adieu admirable et majestueux ami.

~~ Citation de l'auteur ~~

Est-il logique d'écouter la voix d'un dictateur, admettre qu'il a raison, simplement parce qu'il a à ses côtés la force militaire.

Paroles violentes et gestes vindicatifs contre toi ne feront rien... Ne palabrons plus et passons un pacte. Tempête, fais-toi furie et furieuse, je te laisse ma maison... Toi, fais-moi soulagement et souvenirs, laisses-moi la vie. Ruine et rupture ne me font point peur. Dans quelques heures à tout jamais, tu disparaîtras immuablement. Dans quelques heures en tout bonheur, je réapparaîtrais tout simplement.

Rebelle, je me rebiffe et réaffirme ma réaction. Là-dessus, l'arsouille arc-bouté argue ardemment. Aussitôt une pagaille de palabres, de pamphlets et de parlotes parvient, vaudeville entre un vantard et un vaurien, vieille vendetta venimeuse. Lui filou et finaud ne lâche pas un fifrelin, moi flibustier et fier, flingue ce fieffé fanfaron. Après raffut, nous nous rabibochons raisonnablement, rangeant rancœurs et rages. Rassasiés et repus, rigolades, ricaneries et rires sortent. Ce rituel de rivalité fait notre richesse.

Sur les terres d'un maraîcher, un marcassin maraudait et rapinait raves et racines, mais vilainement piétinait aussi parcelles et paniers. Ce mangeur manque manifestement de manière. Notre maraîcher marche vers le margoulin et réussit à rabattre le rebelle, et avec ardeur saboule l'animal. Notre marcassin effrayé et forcé, fuit dans la forêt.

~~ Citation de l'auteur ~~

Il paraît que la science est un puits de connaissance ; le petit ruisseau d'à côté me suffit amplement.

Éclairer ma nuit avec les poternes presque éteintes du temps qui passe, et dont ce maudit jour les éteindra pour quelques heures. À l'arrivée du soir, tremblant et heureux, je rallumerai mes poternes*, les implorant de me faire nuit privée, de refaire, naître les ombres qu'elles savent si bien créer, me faisant croire à d'autres moi... Cette multitude de moi, parfois m'effraie et me sublime. Comment nuit peut-elle être créatrice de tant de beauté, tant d'intensité, tant d'images irréelles, images qui danses autour de moi, et parfois s'éteignent ici, pour mieux renaitre là... Nuit, magicienne créatrice, jouisseuse du beau et du magnifique, du grandiose, et de l'impalpable, nuit, je me mets à genoux devant toi, immensité, et implore ta grandeur. Quitte-moi quand vient ce maudit jour, et reviens-moi plus sublime quand enfin cet intrus partira, chassé par toi.

* : *Poterne est l'association de deux mots : 1) potence : engin en équerre pour pendre une personne et 2) lanterne : lampe à huile. Or, avant l'on fabriquait une potence où il était accroché une lanterne à huile.

Mes poèmes en poches, ce poids des années annulées, j'avance fier et fébrilement sous ce froid matin dans ce village gris, encore endormi à cette heure.

Écrasant craintivement un tapis de neige gelé et peu épais et accompagné d'un vent souple, je regarde les flocons flânant et virevoltants, dans le silence de leur chute.

Suis-je le bourreau de moi, quand je me pousse à chercher, mots, phrases et rimes. Me tordant le cerveau et la volonté jusqu'à ce que je m'épuise. Mots, je vous veux... Rimes, venez vers moi, j'en ai tant lu... Et vous phrases, où êtes vous cachées dans mon fin fond ? Sortez, exprimez-vous, arrêtez de me faire bourreau, je finis par en mourir sans force et de chagrin.

Exaltation et dépression, terrible maladie et douleur du chercheur des mots... Les voir, les penser, et soudain ils disparaissent. Où êtes-vous, pourquoi apparaitre et disparaitre si vite ? Mots, êtes-vous traitre, joueurs, êtes-vous femmes, vous montrant, vous refusant, vous cachant, vous faisant désirer... Je ne suis point là pour m'amuser, car moi, suis exaltation de la poésie seulement.

~~ Citation de l'auteur ~~

Je te sers la main mon ami ; je te sers la main mon ennemi ; la traîtrise et la fourberie serrent toutes les mains.

Pour beaucoup, la nuit calme les vagues de poésie, mais nullement pour moi, elle en est même le contraire. Nuit, beauté magnifique, danseuse silencieuse et sublime, Nymphe de la grandeur, réalité intime, tu m'inspires et me fais respirer le beau, le supérieur, l'impossible. Vagues de poésies jetées sur moi, je salue votre venue, et m'abaisse humblement, face au grand honneur que vous me faites.

Rien ne vient, je me fais colère et réfléchis, pourquoi ? Et puis je regarde cette bonne bouteille de vin ancien, et cela me rassure, j'ai compris. Il faut du temps pour que le vin devienne grand cru. Pour moi, il faut que le temps me fasse pour que je devienne grand poète… Merci temps.

~~ Citation de l'auteur ~~

- Gloire est fausse, seul le fourbe tape à sa porte ;

- Gloire est belle, seul le moche tape à sa porte.

Cœur riche et amour pauvre, cœur pauvre et amour riche, allez-vous ensemble ? Pouvez-vous faire même chemin ? Quand cœur bat d'amour, comment doit-il être, riche, pauvre, ou amour ? Avant de dire bêtise, il faut tourner sa langue dans sa bouche… Que doit faire mon cœur à ce moment, doit-il tourner aussi…

Comme un amant bafoué par la poésie, comme un amoureux sans vertu et sans grandeur, j'essaye de croire et ne suis pas à la hauteur de la phrase, ni du texte et encore moins de la réflexion tellement recherchée. J'erre comme une âme en peine dans le dédale du labyrinthe des mots, vous êtes là, mais moi n'y suis pas. Peut-on chercher et trouver ce que l'on ne pense pas, ou plutôt ce que l'on ne perçoit pas ?

Richesse d'un cœur, volonté d'amour. Je ne demande pas à être aimé, mais seulement respecté. Respect est amour, alors qu'amour n'est pas toujours respect, comprends-le mon cœur, et surtout, attends-toi au pire.

Douleur du passé (1/2)

Fidèle comme un amant à la minute jurée, je suis au rendez-vous de ma douleur profonde et si belle. Douleur, fais-moi honneur, rends-moi fort dans mes plaintes, rends-moi fier dans mes cris, fais-moi mal immensément pour me rappeler mes jours heureux. Fais-moi hurler pour me souvenir de mes rires, fais-moi implorer pour me souvenir de mes bonheurs, fais-moi supplier pour me souvenir de mes honneurs, fais-moi ramper pour me souvenir de ma grandeur. À cet instant, ne me consolez pas, ne pleurez pas, cela est inutile et totalement impuissant. La douleur doit être égale à mon bonheur passé. Soyez heureux que je souffre et rappelez-vous d'avant. Hier fier, aujourd'hui humble, hier humble et fort aujourd'hui faible pour devenir humble devant la mort si belle. Mort, je salue doucettement ta venue. Pour moi tu as mis ton plus bel habit. Je ne pensais pas ta présence pour un être si petit et sans importance et pourtant tu es là face à moi.

Douleur du passé (2/2)

Comme une femme attendant son mari, comme une maîtresse attendant son amant, tu me souris, heureuse. Honneur que tu me donnes, moi simple mortel. Ta présence sublime ma fin, s'en est une gloire, un bonheur de partir à ton bras, jalousie des autres qui devront attendre et passer derrière moi... J'aurai ce qu'eux n'auront pas. N'aie pas peur, je marcherai grand à ton côté, tu n'auras point honte de moi. Je me ferai droit comme jamais, je me ferai coq pour les impressionner, je me ferais Seigneur pour les rendre humbles et jaloux... Merci déesse mort pour tout ce que tu fais pour moi, c'est que trop d'honneur de me savoir partir bientôt à ton bras.

~~ Citation de l'auteur ~~

L'ignorance fait lire, écrire, mais hélas, ne me fait pas lire par mes contemporains.

Écrivant à pas tâtonnant et apeuré sur cette vaste feuille blanche, j'avance ayant peur du mot, des mots. Seront-ils les bons, seront-ils moi, seront-ils eux, seront-ils pour eux. L'imagination souvent hésite entre l'écriture et la réflexion. Je cherche le charme de la beauté qui attire tant la poésie. Mais parfois la réalité des mots annule ce charme. Mots, pouvez-vous être mon remède contre ce mal qui me ronge et me fait trop souffrir, et que j'aimerai approcher… Toi écriture.

Cesse de marmonner, malcontent…Tu n'aimes rien, tu es un rabat-joie. Prends la vie et ne refuse rien, surmonter et surpasser changeront ton caractère… Violence est dans ta tête, elle te fera vieillir et devenir vilaine. Devient souple et sans soucis. Ainsi, lentement, peu à peu, doucement, aujourd'hui, demain ou après-demain, charmé et chaviré par ce qui t'entoure, enfin pacifié et en paix tu connaitras libération et liberté. Aujourd'hui tigre, demain chat… Je te fais confiance.

Magnifiques murmures, manigançant et manipulant, accompagnés de silences symboliques, sympathiques et suspicieux. Geôlières et geôliers de génie, géologues des gestes et gesticulations, observant et obstinés… Rien ne vous arrête… Si, seulement si rotin que vous êtes, et roseau qu'il est, se rebute et se rebiffe, devenant rotin et vous roseau. Marionnettes manipulées et margoulins manœuvrants feront tomber masques et martingales.

~~ Citation de l'auteur ~~

Il reste seul debout comme un héros sur le champ de bataille où des centaines de héros sont morts avant.

Butinez abeilles et bourdons, admirables et adorables insectes. Passez lentement, de fleurs en fleurs avec votre maîtrise de l'air, votre Majesté du vol, car vous avez assurément vivacité et virtuosité. Votre vol souple vous soulève subtil et sublime. Fleurs, fruits et forêts sont vôtre. Miel, mot divinement magnifique, invoquant couleurs, chatoiement, charmes et chaleurs. Butinez Papillons et Paon-du-jour, de pâquerettes en pensées, de parcelles en pâturages. Tous deux aujourd'hui libres en toutes liesses et en tous lieux, avec vos vols fluides, flânant et flottant. Faites-moi subito reconnaissant, faites-moi ensuite réconforté, faites-moi désormais rassuré, vous êtes toujours là…

Cherchant champignons et chanterelles deux promeneurs vigilants et vigoureux visitent vertueusement sous-bois et taillis. Chacun portant chapeau pour la chaleur. Aujourd'hui augure une journée automnale. Ils patrouillent paisiblement, quand soudain soulagement survient, champignons charnus apparaissent. Avec précaution préconisée, ils remplissent paniers, puis ils repartent avec succès et sourires.

Poète humilié pendant des années par les autres bassement jaloux, blessé dans mon amour-propre, j'ai alors vaillamment combattu lettre après lettre, tous ces mots qui me moquaient de moi chaque seconde. Je me suis fait violence, et ainsi le réveil de la volonté s'est fait. J'ai pelleté, creusé, fouillé dans le vaste terrain des mots, et je les ais tous déterrés. Maintenant, arrive le merveilleux retour de l'espoir et de la réussite. Je salue grandement l'événement, et retrouve la grandeur tant espérée.

~~ Citation de l'auteur ~~

Le matin en la quittant du lit, c'est une amoureuse riante ; le soir en arrivant c'est une vipère mordante jalouse.

Fini, totalement fini, plus jamais de « au secours pensée, tends-moi la main », fini aussi les mots comme « pensée, où es-tu... ou mots, je vous veux ». J'ai réussi ce duel, ce difficile combat qui fait de l'humain un être heureux et serein. De déception en déception, d'échecs en échecs, de chutes en chutes, plus fort chaque fois, je me suis relevé. Maintenant, debout et fière, j'avance, car la volonté est la pierre philosophale du soi et du demain. Aujourd'hui est demain dans ma force et mon courage. Portes, ouvrez-vous, j'arrive.

Je me pâme de moi, moi pantin, simple paille et pacotille, paradant au panthéon des paons de l'écriture. Immense iceberg illettré et ignare, saligaud et saltimbanque, sans-façon du savoir-vivre, que fais-tu, que veux-tu... Tout et rien. Tu te surestimes dans un surcroit de supériorité, ne connaissant ni synonyme ni syllabes, ni syntaxes. Réagissant intelligemment, je chauffe immédiatement mon iceberg et disparais dans un silence silencieux, mais plein de simulacre.

~~ Citation de l'auteur ~~

Battez-vous, querellez-vous, tuez-vous ;
pendant ce temps, la vie crée des univers.

Nuit intime (1/2)

Nuit, que de leçons tu donnes à ce jour triste, à ce soleil toujours pareil… Lui vient d'un point pour repartir vers un autre… Toi nuit, il faut te chercher, te découvrir, t'attendre sans savoir où tu es et d'où tu viens. Et le matin, comme une amante ayant peur d'être vue, tu pars te mettre à l'abri quelque part, et nul ne sait et ne saura où. Tu pars sans dire mot, déconcertante de ce que tu as donnée pendant ces moments sublimes et extrêmement forts entre nous. Tu me fuis, tu m'abandonnes traitresse fascinante. Que vais-je faire face à ce maudit soleil qui ne me mérite pas. Je sais que tu penses à moi ma divine, mon importance… Reviens-moi vite, mon cœur pense ou plutôt ne pense qu'à toi, éternité valeureuse. Où es-tu, que fais-tu, es-tu avec un autre.

Nuit intime (2/2)

J'espère non, cela serait trop dur. Nuit, tu es mienne… Je t'en prie ma nuit, respecte-moi, ne me fais pas penser que, imaginer que, croire que. Fais-moi plutôt croire à… Je t'imagine cachée dans un recoin de cet univers, attendant que l'autre, l'usurpateur parte. Je sais que tu as peur de lui… il est… Mais toi nuit, tu es beaucoup plus. Sublime voile de velours, de satin, de soie, nuit, tu n'es ni princesse ni reine, mais déesse. Ta beauté me fait sublimer. Passer tant de nuits avec toi est l'impossibilité acceptée. Ta respiration douce, ton souffle tendre, ton calme tellement impressionnant. Ta fuite du matin est tristesse au plus profond de moi, mais ton arrivée le soir m'exalte, me sublime, toi douceur de l'éternité.

Quand un homme aime le même sexe, l'on dit qu'il est à voile et à vapeur.

Quand un politicien change de côté politique, est-il à voile ou à vapeur ?

Si en plus le politicien aime ceux de son sexe, peut-on dire qu'il y a association de voiliers et de vaporetti.

Esprit enfin, tu te perds entre le Bon et le Mauvais, le Bien et le Mal – serais-tu attiré par la voile ou la vapeur ? vaste question ancestrale qu'il faudra un jour que je « dévoile » dans un nuage de vapeur.

Larmes (1/4)

Toi, amour éternel, celui ou celle que je pensais, croyais, voulais, criais... Celui ou celle que j'admirai, vénérai, j'idolâtrai, priai. Comment avez-vous pu, toi comme elle, nous faire cela. Toi d'abord ma femme, celle qui était ma cathédrale, mon sanctuaire, moi qui empêchais ces magnifiques yeux de laisser couler larmes si belles et si pures sur ce sol infâme et sale. Moi qui posais fier et heureux mes lèvres sur eux, moi qui buvais ce nectar divin, moi qui m'abreuvais doucement emplissant mon intime de toi... Perles de rosée féminine qui apparaissaient parce que sentiment de beauté venait de toi, de tout toi envers moi. J'avais honte de voir cette partie de toi surgir, mais au fond de moi, j'étais heureux et fier, je te buvais.Et toi homme, j'ai pleuré ton prénom, ta peau, tes yeux, tes lèvres, j'ai pleuré toi... Chaque seconde était moi, chaque respiration était moi, chaque geste était moi, chaque parole était moi ...

Larmes (2/4)

Que j'étais fière quand coulaient tes larmes, car je savais mes lèvres te les volant, les buvant, et m'en abreuvant fière et voleuse. Jamais rassasiée de tes larmes, honneur tu me faisais, femme je devenais…

Comment avez-vous pu nous faire cela… chacun de votre côté. Maintenant, vos bouches pour nos yeux se sont séparées, maintenant larmes, nous coulons et tombons sur sols impurs et étrangers. Larmes coulons et tombons dans mains seules. Maintenant larmes sont essuyées par papier, chiffon et revers de mains. Parfois et souvent, nous coulons tristement dans le vide, oubliées et à tout jamais perdues sur ces sols immondes et piétinés irrespectueusement.

Comment avez-vous pu faire cela, nous avions votre respect, votre confiance, votre complicité, vous. Qu'en reste-t-il ?

Larmes (3/4)

Parce ce qu'un autre ou une autre était, vous
avez détruit.
Parce ce qu'un autre ou une autre avait, vous
avez sali.
Parce ce qu'un autre ou une autre a su, vous
avez plus.
Parce ce qu'un autre ou une autre voulait, vous
avez perdu.

Maintenant, nous larmes, nous nous sentons humiliées, souillées, asséchées, oubliées, trahies. Pleure femme, tu as voulu voir ailleurs, voilà ce que tu vois actuellement. Pleure homme, il en est de même pour toi chaque seconde. Faites couler vos larmes où vous le voulez, maintenant cela ne nous importe plus, il faut que justice se paye, se fasse. Comment se peut-il que tant de volonté de deux êtres puisse être cassée, séparée pour quelques autres beautés sans valeur... Pourquoi avoir oublié tout ce que nous vous avons apporté... Comme tu disais femme « être en moi, gravé et incrusté », et toi homme « être dans mes

Larmes (4/4)

veines, dans mon sang ». Terrible trahison de vous deux. Faites tout pour nous revenir, nous pleurons chacun loin de vous, loin de vos lèvres, loin de nos bouches, loin de nos cœurs. Revenez, nous vous en prions. Faites-nous à nouveau goutter sur vous, redonnez-nous honneur. Certaines larmes plus tard couleront, mais elles feront oublier le mal, et renaître le bien… Nous vous attendons avec impatience. L'on vous aime fort.

~~ Citation de l'auteur ~~

Le bonheur se fait parfois avec une main, le malheur je me le fais avec une compagne.

Assis devant la cheminée, impatient je découvre ce courrier. J'ouvre l'enveloppe, et déplie cette feuille parfumée de toi. Immédiatement mes lèvres lisent cette lettre, posément, et avec précision, mot après mot, lentement, prudemment, y cherchant ta voix, ton intonation et ta douceur. J'imagine ta main et tes doigts écrivant patiemment et passionnellement ce tendre message vers moi. Mes yeux maintenus et magnétisés soudainement succombent, larmes coules... Tu viens.

Cheminant et heureux, un jeune sacripant joue au chevalier, chevauchant un cheval, et armé d'une épée magique et robuste, dans un royaume romanesque. Assurément, tout n'est qu'ennemis... Chèvres, chevreaux et chevrettes, poussez-vous... Ânes, Ânons et Ânesses, faites de même également. Bientôt, c'est partout la pagaille et animaux ne peuvent plus paître paisiblement. Courant de tous côtés, devant, derrière, partout, sans vraiment regarder où vont ses pieds, soudain chevalier chute sans panache... Ensuite, pansements et réconforts feront disparaître chevalier et cheval. Puis après, succulentes sucreries et sucettes feront disparaître passagèrement maladresse et malchance... restera à tout jamais souvenirs d'enfants, marrants et malheureux.

~~ Citation de l'auteur ~~

J'ai vu heureux une comète passée avec une grande queue ; puis j'ai regardé la mienne, que je suis déçu…

Seul dans cette nuit, perdu encore une fois, et apeuré, je tremble devant moi-même, et en moi-même. Je me perds et deviens étranger à mon être. Triste moment... Pourquoi ? Nuit, moment privilégié où je peux enfin être rassuré, me voilà effrayé de me retrouver face à toi. Je te voulais et tu es là, mais quoi te dire, j'ai peur. Angoisse stupide et peur... peur de quoi... peut-être tout simplement de moi.